Yumi Shimokawara

Und was ist

Eine Geschwistergeschichte

mit mir?

»Das ist der Kleine –
mein Babybruder.«

Der große Bruder spielt oft
mit dem kleinen.

»Danke«, sagt Mama.
»Du hilfst mir sehr.«

»Pass doch auf!«, sagt Mama.
»Das ist gefährlich!«

»Mund auf – und Aaah«,
sagt Mama.

»Guck!«, ruft der Große.
»Ich mache auch Aaah.«

»Toll, wie du schon stehen kannst«, sagt Mama.

»Ich kann schon hüpfen«,
ruft der Große.

»Und ich kann auch singen!«, ruft der Große.

»Aber bitte nicht so laut«, sagt Mama.
»Damit wir auch den Kleinen hören.«

»Wen hast du lieber?«, fragt der Große.
»Den Kleinen oder mich?«

»Ich liebe euch beide«, antwortet Mama.

»Bravo – so schön«, sagt Mama.
»Das hast du gut gemacht.«

Plötzlich beginnt der Große zu weinen.

»Mama, du willst mich gar nicht mehr.
Du hast das Baby lieber als mich.«

»Ach du«, sagt die Mutter.
»Ganz sicher nicht.«
»Aber komm, es ist Zeit zum Schlafen.«

»CHRRR - ZZZZZ - CHRRR - ZZZZZ«

»WAAA! WAAA!«

Lautes Schluchzen weckt den Großen auf.
Wer weint da?
»Wo bist du? Wo ist mein großes Kind?«

»Waaa! Waaa!«,
schluchzt Mama.
»Mein großes Kind ist weg.
Einfach weg!«

»Da bist du ja, mein Lieber!«
Mama umarmt ihr Kind.

»Wie gut, dass du da bist.
  Ich habe schlecht geträumt.
  Ich hatte richtig fest Angst um dich.«

»Mund auf –
und Aaah«,
sagt Mama.

»Wen hast du lieber?«,
fragt der Große.
»Den Kleinen oder mich?«

»Ich liebe euch beide«, sagt Mama.

»Mama hat uns beide lieb.«

Yumi Shimokawara wurde in Tokio geboren und arbeitet heute in der Präfektur Chiba.
Sie absolvierte den Illustrationsfernkurs der Kodansha Famous School 2001
(eine Stiftung des renommierten japanischen Verlages Kodansha)
und studierte danach noch den Schwerpunkt »Wildlife Art« der gleichen Ausbildung.
2013 gewann sie den Großen Bilderbuch Preis der KFS und
veröffentlichte ihr Debüt *Star Hunting* im Folgejahr.

Die Freundschafts- und Wintergeschichte
war auch auf Deutsch erfolgreich:
Eine Sternschnuppe im Schnee.
Atlantis Verlag 2019 (lieferbar in der 4. Auflage).

Yumi Shimokawara (Text und Bild)
Und was ist mit mir? Eine Geschwistergeschichte
Deutschsprachige Fassung: Hans ten Doornkaat
Maltechnik: Aquarell
© 2022 Atlantis Verlag, Zürich
www.atlantisverlag.ch

First published in Japan as WAKATTERUTTE (English title: Yes, I Know)
Copyright © 2020 Yumi Shimokawara
German translation rights arranged with imagination +/ press, inc.
through Japan UNI Agency, Inc., Tokyo and Chiara Tognetti Rights Agency

Typografie: Lara Flues, Kampa Verlag AG
Druck: Grafisches Centrum Cuno, Calbe (Germany)
ISBN 978-3-7152-0835-0
1. Auflage 2022

Die Deutsche Nationalbibliothek verzeichnet diese Publikation in der Deutschen
Nationalbibliografie; detaillierte bibliografische Daten sind im Internet abrufbar über
http://dnb.de